APPENDICE

AUX

NOTES ET SOUVENIRS

DE 1870-1871

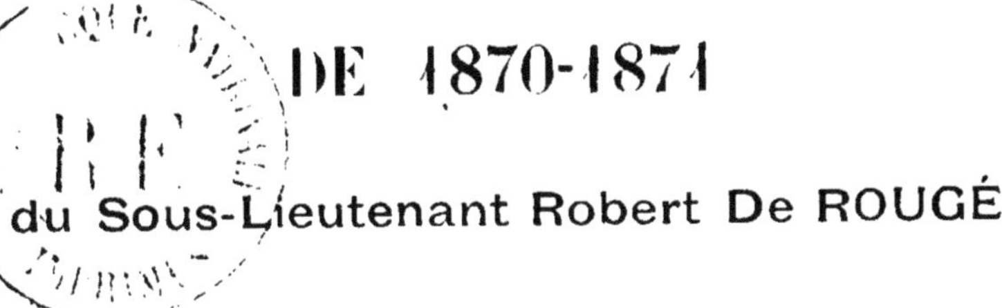

du Sous-Lieutenant Robert De ROUGÉ

IMPRIMERIE A. LAHURE

9, RUE DE FLEURUS, PARIS

1928

I

Le 3ᵉ Lanciers et les Cuirassiers de la Garde
A Rezonville, mardi 16 août 1870,

par Germain Bapst[1].

Il pouvait être midi et demi : le deuxième corps français, qui avait été attaqué dès l'ouverture du feu, avait subi de grandes pertes. Dès onze heures, plusieurs de ses régiments, criblés de mitraille, avaient commencé à reculer ou à s'émietter ; l'accumulation, aux abords de Rezonville, de masses de soldats épuisés, présentait un spectacle lamentable et impressionnant.

Le général Frossard, qui en était témoin, était profondément ému. Il semble que dans cette crise il ait passé alternativement par des moments d'inquiétude et d'angoisses, et aussi par des moments d'espoir chimérique.

« Le général Frossard à qui j'avais été envoyé, a écrit dans ses notes le lieutenant-colonel Fay, me

---

1. *Le Figaro*, 17 décembre 1910.

chargea de dire au maréchal Bazaine qu'il lui faudrait de la cavalerie; que des batteries démontées ennemies étaient devant lui et qu'on pouvait les prendre. »

Un instant après, sous un sentiment tout opposé, le général Frossard, à la vue de groupes de plus en plus nombreux revenant en arrière, aurait été parler au maréchal Bazaine et aurait insisté auprès de lui pour faire charger la cavalerie.

*
* *

Deux régiments se trouvaient à portée : le 3e lanciers, non loin du bois de Saint-Arnould, et les cuirassiers de la Garde qui venaient de se former tout près de Rezonville.

Placée au commencement de l'action en arrière de ce village et au nord de la route, la brigade de grosse cavalerie de la Garde s'était formée en bataille, les carabiniers devant et les cuirassiers derrière. Le colonel Dupressoir, des cuirassiers, un géant superbe, avait envoyé à deux reprises différentes le lieutenant d'état-major Davignon demander au général Desvaux à se remettre en première ligne, comme c'était son tour de l'être. Le général Desvaux, préoccupé, n'avait pas répondu, ce que voyant, le colonel Dupressoir, sans ordre, avait fait rompre son régiment et l'avait porté, par une marche vers le sud, au delà de la grand'route, face à Flavigny.

Le régiment venait de faire front, lorsque le général Frossard, arrivant au galop, aurait dit au colonel Dupressoir :

— Faites charger votre régiment ou nous sommes f....

Le colonel répondit qu'il allait envoyer demander des ordres et dépêcha de nouveau le lieutenant Davignon au général Desvaux.

Craignant d'être entraîné, sans avoir sous la main une dernière réserve, le général Desvaux, avant de répondre, appela le capitaine Delphin de son état-major et l'envoya au colonel Petit, des carabiniers, lui recommander de ne bouger sous aucun prétexte sans un ordre de lui ; puis il partit, suivi du lieutenant Davignon, auprès du maréchal Bazaine que le général Frossard et le général du Preuil étaient venus rejoindre. Le général Frossard devenait de plus en plus pressant. Le général Desvaux demandait au maréchal Bazaine « un ordre ferme » et comme d'habitude, celui-ci, paraissant indifférent et étranger à ce qu'on disait devant lui, laissait parler sans se prononcer. Le général du Preuil était d'avis d'amener la cavalerie derrière un pli de terrain, de laisser l'infanterie ennemie s'avancer, et de se jeter sur elle lorsqu'elle serait à petite distance. « Elle n'aurait plus le temps de se reconnaître et de briser l'élan de nos cavaliers. »

Le maréchal Bazaine, ni personne autour de lui, ne pensa, pour ébranler l'infanterie ennemie avant de faire charger la cavalerie, à se servir des deux batteries d'artillerie de la division Desvaux, ni des autres batteries de la réserve générale qui étaient massées derrière Rezonville. Pour le maréchal Bazaine, comme pour beaucoup de ceux qui l'entouraient, notre artillerie était impuissante à tenir tête à celle de l'ennemi, et la retraite à laquelle venaient d'être contraintes, après de sérieuses pertes, les deux batteries de douze de la réserve, avait encore accru leur conviction : pour arrêter l'infanterie ennemie que l'on voyait s'avancer et qui allait occuper l'emplacement laissé vide par le départ du 2ᵉ corps, il fallait « une intervention puissante, comme une charge de cavalerie », et chacun la considérait comme indispensable.

« Le danger paraissait grandir et le général Frossard, s'excitant de plus en plus, réclamait avec une insistance croissante les cuirassiers de la Garde. Le général Desvaux, de plus en plus froid, n'ouvrait plus la bouche et le maréchal Bazaine demeurait toujours indifférent sans rien décider, laissant aller les choses. »

De même que l'on oubliait de préparer la charge par l'artillerie, on ne pensa pas davantage à reconnaître le terrain où elle devait s'effectuer, et sauf le général du Preuil qui galopa quelques cents mètres en avant, personne ne connaissait les sites où l'on allait évoluer.

Le 5ᵉ lanciers étant arrivé, amené par les capitaines Thomas et Texier de la Pommeraye qui avaient galopé à perte d'haleine, « on fit porter la lance et mettre le sabre à la main, a écrit un des officiers de ce régiment, le lieutenant R. de Rougé ;

on partit au galop, sautant par-dessus des marmites.
des bidons et toutes sortes d'ustensiles qui jon-
chaient le terrain. En passant, nous entendîmes
des fantassins crier : « Vivent les lanciers! ». Au
bout de quelques instants nous fûmes sous une pluie
de balles. Je n'ai pas baissé la tête; je n'en ai pas
ressenti l'envie, car ça sifflait autant à droite qu'à
gauche, en haut qu'en bas. Nous étions partis en
ligne, le colonel Torel en tête, à douze pas devant.
On voulait que nous fussions en échelons, on nous
fit exécuter sous ce feu des mouvements comme à
la manœuvre. Nous devions charger contre l'artillerie, mais avant d'arriver dessus, nous fûmes
reçus par de l'infanterie qui tira sur nous à bout
portant. Heureusement que nous atteignions un
léger pli de terrain dans lequel nous descendîmes
au moment même de la décharge et tout passa
au-dessus de nos têtes. Nous avons donné quelques coups de sabre dans le carré et quelques
Prussiens ont même levé la crosse en l'air. Malheureusement, nous n'avons touché que le coin du
carré parce que nous nous étions jetés trop à droite.
Et, deux escadrons, au moins, étant venus butter
contre le talus de la route, qui était assez élevé,
durent s'arrêter. On avait l'intention de nous faire
recharger, mais nous eussions masqué notre artillerie. Alors, nous avons battu en retraite sur la
route, où l'on nous tira dessus de flanc et de derrière. Des nôtres, nous prenant pour des uhlans,
ont aussi tiré sur nous.

« A ce moment, il y avait des chevaux sans cava-

liers, des cavaliers blessés sans chevaux, et des
fantassins au milieu et devant nous; nous dûmes,
en conséquence, faire notre retraite au pas, et
même très lentement, tant la route était embar-
rassée. A côté de moi était, sur son cheval, un
lancier déjà mort qui avait reçu un éclat d'obus
dans la tête. A peine fut-il sur le sol de la chaussée
qu'il roula à terre. Un cheval prussien, couvert de
sang, ne voulait pas me quitter. Je fus obligé de le
piquer avec mon sabre pour le faire partir. Un
capitaine prussien, soit qu'il nous prît pour des
uhlans, soit qu'il eût perdu la tête, revenait avec
nous. Son voisin le remarqua tout à coup et voulut
le faire prisonnier, mais l'Allemand, en tirant un
coup de son revolver, sauta subitement le fossé,
partit à fond de train et passa dans une zone de
feu telle qu'il dut y rester. Voilà ce que ceux du
1er escadron ont vu. »

Un autre groupe revint au galop. Ses chevaux
étant blancs ou gris, on voyait tout de suite sur
eux la moindre tache de sang, et ce flot de cavaliers,
à une allure échevelée avec des taches rouges sur
les robes claires des chevaux, frappa l'imagination
de beaucoup.

Le régiment se rallia sous les ordres du colonel
Torel derrière Rezonville, sur un emplacement
« où les obus passaient en l'air pour aller tomber
au delà ».

On fit l'appel. Il manquait trois capitaines, un
lieutenant, un sous-lieutenant et pas mal d'hommes.
Un des officiers parvint à rejoindre le soir. Il dit

avoir été cerné et avoir eu beaucoup de peine à s'échapper.

Au départ des lanciers, le maréchal Bazaine, toujours pressé par le général Frossard de faire charger les cuirassiers de la Garde, avait fini par dire :

— Oui, il faut sacrifier un régiment.

Et le lieutenant-colonel Fay, suivi des capitaines Dubreton, Thomas et T. de la Pommeraye, dont les chevaux étaient blancs d'écume, était allé dire au colonel Dupressoir :

« Le 5ᵉ lanciers va charger l'infanterie qui débouche de Flavigny, les cuirassiers de la Garde l'appuieront. »

À l'annonce qu'on va charger, chacun se prépare. Les cuirassiers jettent à terre leurs bottillons. Des officiers demandent s'il faut se servir du pistolet. Le colonel Dupressoir leur répond par le commandement de :

« Sabre à la main ! »

Et, sans autre avis, d'instinct, par un mouvement irraisonné mais spontané et irrésistible, le régiment partit en trois échelons. Le général du Preuil qui n'avait pas fini de reconnaître le terrain, courut furieux à ses escadrons pour les arrêter, mais c'était maintenant impossible et il dut charger sur le flanc avec ses officiers.

Les trois échelons descendirent par une pente douce, puis remontèrent. Arrivé en haut, le premier de ces échelons butta sur un fossé qui l'arrêta et où les deux escadrons qui le composaient s'entassèrent. Le deuxième échelon prit plus à gauche et alla donner dans un entonnoir formé par l'infanterie prussienne qui le cribla de feu à tel point que tous les officiers et les trois quarts des cuirassiers furent tués ou blessés.

En effet, les chevaux avaient peur du bruit, de la fumée et surtout de la lueur des coups de feu qui s'en échappait : ils se cabraient, faisaient des tête à queue et les cavaliers avaient beau les éperonner, les exciter, rien n'y faisait; beaucoup firent demi-tour et s'emballèrent.

« En revenant de porter au colonel des carabiniers l'ordre de ne bouger sous aucun prétexte — c'est le colonel Delphin qui parle — j'atteignais la gauche des cuirassiers, quand je les vis tout à coup prendre le trot, puis j'entendis retentir le cri de : « Chargez. » Ne voyant personne de mon état-major, je m'embarque dans la charge avec l'escadron auprès duquel je me trouve.... Mes impressions, durant cette chevauchée, seraient impossibles à décrire. Ce que je n'oublierai jamais, c'est le sifflement incessant des balles m'entourant d'un bourdonnement de ruche, c'est le bruit sec des tocs qu'elles font en frappant les casques et les cuirasses; ce sont les sauts de ma jument franchissant ou évitant les chevaux ou les cavaliers tombés; ce sont enfin ces lignes d'infanterie et ces batteries prussiennes nous accablant de leurs feux au milieu d'un nuage de fumée ou de poussière.

La moitié des cuirassiers de la Garde étaient tombés tués ou blessés et, dans ceux qui restaient, un quart était démonté. On vit venir des chevaux sans cavaliers, puis des géants avec leurs cuirasses et leurs grandes bottes, à pied, ramenant leurs montures; d'autres encore à cheval, les uns au galop, les autres à des allures diverses.

Le gros se replia sur Rezonville par la grande route, mêlé à des groupes de lanciers, pénétra dans le village déjà plein de soldats du 2ᵉ corps, de chevaux sans cavaliers : toutes les maisons regorgeaient de malheureux blessés et partout, jusque sur le modeste clocher en bois de l'église, flottaient des drapeaux blancs à croix rouge.

*
* *

A la sortie du village, du côté de Gravelotte, c'est-à-dire en arrière, non loin de l'endroit où se ralliaient les lanciers, le colonel Dupressoir et le commandant de Verges, tous deux blessés, avec le colonel Galinier, chef d'état-major du général Desvaux, s'efforçaient de réunir les cuirassiers qui revenaient encore montés. Quand il en eut autour de lui une centaine, le colonel Dupressoir les conduisit derrière la ligne des carabiniers.

Lorsque, un quart d'heure après, on fit l'appel, douze officiers sur quarante et cent quatre-vingts cuirassiers sur six cents répondaient. Il en revint d'autres par la suite, entre autres le lieutenant de C..., qui était descendu de son cheval pour aller se tremper dans une mare de sang et revenir comme un boucher, en se vantant d'avoir fait un massacre de Prussiens. Malheureusement pour lui, il était connu, et, de plus, on l'avait vu.

Le général Desvaux, prévenu de la présence des débris du régiment des cuirassiers, vint leur adresser « quelques paroles de félicitations ; et c'était justice », a écrit un des assistants de cette scène.

Les lanciers se rallièrent de leur côté, au sud de la route ; beaucoup d'entre eux avaient perdu la tête et faisaient des récits fantastiques ; ils disaient que tous les régiments étaient anéantis. On dut les faire descendre de cheval et reposer pendant une demi-heure.

Au départ de la charge des cuirassiers, le maréchal Bazaine avait dit au général Desvaux d'amener la batterie d'artillerie de sa division qui avait suivi les cuirassiers.

Cette batterie, la deuxième du régiment à cheval de la Garde, commandée par le brillant capitaine Donop, était sur la grand'route. Au premier avis transmis à son capitaine par le général Desvaux, elle partit au galop et s'engagea dans Rezonville.

Le maréchal Bazaine, sans attendre, s'était porté en avant et arrêté au point dominant. Ayant prescrit au général Jarras de rester en arrière avec l'état-major, il se trouvait seulement accompagné de ses officiers d'ordonnance et de deux ou trois officiers de l'état-major, dont le lieutenant-colonel Fay et le capitaine de France. Rejoint par les trois premières pièces de la batterie Donop, il ordonna au lieutenant d'Esparbès de Lussan de les mettre immédiatement en action.

Le surplus de cette batterie, avec le général Desvaux et le capitaine Donop, par suite de la culbute d'un attelage et de l'arrivée subite, en sens inverse, de chevaux et de voitures qui étaient venus obstruer la grande rue de Rezonville, avait été obligé de s'arrêter.

Le maréchal Bazaine, à côté des trois premières pièces, et ceux qui l'accompagnaient, cherchaient à voir à la lorgnette le résultat des charges de cavalerie et « chacun suivait, le cœur serré, la retraite des lanciers et des cuirassiers ».

Le maréchal Bazaine et son neveu, le lieutenant d'artillerie Adolphe Bazaine, témoignaient tout haut leur admiration pour le cuirassier Domayer, qui ramenait le capitaine Barroy, blessé, et dont le cheval avait été tué. Ils voyaient aussi le colonel Dupressoir tomber sous son cheval tué, puis le lieutenant Davignon l'aider à se relever et le cuirassier Puyboulot lui donner sa propre monture. Le colonel, blessé, revenait sur ce cheval de troupe, toujours accompagné du lieutenant Davignon, tandis que le cuirassier Puyboulot suivait lentement en traînant derrière lui le cheval de son colonel, s'arrêtant de temps en temps pour faire face, avec sa latte pointée, à des cavaliers allemands qui cherchaient à l'atteindre.

« Les uhlans!... Les uhlans ! sabre à la main ! » cria tout d'un coup le lieutenant-colonel Fay, et au même instant surgissent, de face et de flanc, des hussards, les uns en uniformes noirs et tresses jaunes, — comme nos guides, — les autres à tresses blanches, comme nos chasseurs de la Garde, et des uhlans aux lances à flammes blanches et noires.

En un instant, ce n'est plus qu'une mêlée ; le maréchal Bazaine, les officiers qui sont à côté de lui, les servants de la batterie, les attelages, hussards et uhlans prussiens, tout tourbillonne et se mélange. Entraînés par l'élan des Prussiens, les chevaux, s'excitant, s'emballant, partent dans une masse confuse vers Rezonville, englobant l'état-major du général Frossard, qui était tout près, tandis que le général Jarras, qui s'est éloigné sur l'ordre de son chef ainsi qu'une partie de l'état-major, reste indemne en dehors de ce hourra.

La cavalerie prussienne était partie tant pour poursuivre les cuirassiers que pour briser l'infanterie aux ordres du général Collin, qui tenait toujours au pied de Vionville (fractions des 25e, 91e et 94e. Ce fut le 11e hussards de Westphalie, à tresses blanches, qui chargea sur notre infanterie, et en arrivant sur la grand'route, le capitaine Van Woest, qui commandait l'escadron de droite, aperçut une batterie (la demi-batterie Donop, de la Garde, auprès de laquelle était le maréchal Bazaine, qui prenait en flanc son régiment.

« Je me portais dessus, — c'est lui-même qui l'a écrit, — avec tout mon escadron, et j'y suis entré sans recevoir un coup de canon. Un officier, le lieutenant d'Esparbés, voulait cependant faire feu avec une de ses pièces, mais nous étions sur lui

avant qu'il ait eu le temps de tirer, il vint à pied
sur moi et m'envoya un coup de pointe. Pensant
le mettre à terre, je lui donnai un coup de sabre à
travers la figure. J'aurais tout donné à ce moment
pour le sauver et je criais à mes hussards : « C'est
assez ! laissez-le. » Mais il était déjà tué. Il est mort
en brave et ses canonniers, enflammés par son
exemple, se sont fait sabrer sur leurs pièces en les
défendant. »

Le lieutenant Albert Bazaine, qui avait vu la
bagarre sans y être englobé, galopait pour chercher
l'escorte du 2ᵉ chasseurs, quand il tomba sur celle
du 5ᵉ escadron du 5ᵉ hussards, que son capitaine
laissé sans ordre amenait de lui-même sur le terrain
de l'action.

— Le Maréchal vient d'être enlevé.... Chargez !
criait-il.

*
* *

L'escadron en bataille était composé d'anciens
officiers et de vieux hussards qui avaient fait la
campagne du Mexique ; ils étaient superbes dans leur
spencer bleu foncé avec des soutaches blanches,
leur talpack d'astrakan et leur hongroise garance.
Au commandement de leur capitaine des Courtils,
ils foncèrent dans le tourbillon avec la même impé-
tuosité qu'à Cholula et à San Pablo del Monte,
augmentant la mêlée, soulevant encore plus de
poussière et déchargeant leurs revolvers tout en
pointant des coups de sabre terribles.

Le général Desvaux, qui était parvenu à sortir de Rezonville du côté où se trouvait en soutien d'artillerie l'autre escadron d'escorte du maréchal Bazaine, courut à cet escadron et cria au capitaine :

— Danloux, enlevez vos chasseurs !

Et ceux-ci partirent à leur tour, leur capitaine devant eux.

Plus à gauche, était l'escadron d'escorte du général Frossard (5ᵉ du 4ᵉ chasseurs) ; son capitaine commandant, M. de Boysson, était à l'état-major du 2ᵉ corps, il courut à ses chasseurs. Déjà, le sous-lieutenant d'Hennezel d'Ormois avait aperçu les hussards de Westphalie et avait prévenu ses cavaliers. Ainsi le capitaine de Boysson, trouvant son escadron prêt, le lança en fourrageur.

Le 5ᵉ escadron du 5ᵉ hussards avait donné à fond et était entré dans les Allemands comme un coin. Son capitaine commandant des Courtils et le maréchal des logis chef Dumas de la Fougère, entraînés par leurs chevaux, complètement emballés, traversèrent tous les rangs et allèrent buter, un kilomètre plus loin, sur des lignes d'infanterie. L'adjudant-major Marchand et une trentaine de hussards étaient tués ou blessés. Le capitaine Chaverondier avait la mâchoire horriblement fracassée par une balle.

« Il était impossible de nous reconnaître et même de voir à un pas. Soudain, je vois — c'est le capitaine Thomas qui parle — derrière le général Frossard un officier prussien, puis deux, puis trois, qui courent dans toutes les directions. Cinq ou six

officiers se groupent autour du général Frossard
qui ne comprenait pas encore la cause de l'alarme
et du trouble. Le colonel Gaillard s'élance sur un
cavalier qui passe à sa gauche et le poursuit, un
officier allemand le suit pour secourir son cama-
rade, et il assène au colonel Gaillard un coup de
pommeau de son sabre sur la tête et au même moment il était transpercé par le sous-officier Sarrot,
porte-fanion du général Frossard. »

Allemands et Français : hussards, chasseurs,
officiers d'état-major, tous étaient mêlés, échauffés,
se tirant des coups de pistolet à bout portant ou se
donnant des coups de sabre, lorsque deux escadrons du 5ᵉ lanciers, qui revenaient par la grand'-
route, viennent tout droit dans la mêlée. Leurs
chevaux, excités par le combat et le bruit, s'em-
ballent et augmentent d'autant le hourra dans lequel sont toujours englobés le maréchal Bazaine et
ses officiers. Alors, une fraction du 5ᵉ bataillon de
chasseurs à pied et du 67ᵉ qui se trouvait dans les
fossés de la route, se met à tirer dans le tas, ce qui
chasse immédiatement les Allemands qui s'éloi-
gnent en laissant des morts et quelques prisonniers.
C'étaient particulièrement des cavaliers qui avaient
été entraînés trop avant dans nos lignes et qui, se
voyant entourés, avaient sauté en bas de leurs
chevaux et saluaient les nôtres en retirant leur
coiffure, en s'inclinant pour indiquer qu'ils se ren-
daient.

Les trois pièces abandonnées un moment furent
reprises par les chasseurs à pied du 5ᵉ bataillon et

ramenées à la batterie du 12ᵉ du capitaine Audoy.

Dans la fumée et la poussière, au milieu des coups de revolver qui s'échangeaient en pleine figure, le maréchal Bazaine était demeuré flegmatique et insouciant, sans chercher à échapper au flot des Allemands qui pouvaient le tuer sans savoir qui il était, ou bien le faire prisonnier. A un moment, il se trouva heurté par un jeune sous-lieutenant du 3ᵉ lanciers, M. Robert de Rougé, qui demeura collé botte à botte avec lui. Le voyant fort ému :

« Allons, jeune homme, lui dit-il, sur le ton d'un père de famille, s'adressant au coin de son feu à son fils, du calme.... Voyons, vous n'êtes plus un enfant.... Ce n'est rien. » Et il allait au pas dans la bourrasque, presque souriant.

Les Allemands disparus, il se trouva séparé de tous les siens.

Ce que voyant, il demanda au général Frossard, rejoint à l'instant par son état-major, de lui prêter deux de ses officiers pour l'accompagner. Le commandant de Crény et le capitaine Le Mullier ayant été désignés, il partit avec eux du côté du bois de Vionville, dans la direction du sud, se dirigeant sur l'un des contreforts qui dominent le ravin de Gorze d'où l'on a vue sur une partie de la vallée de la Moselle. Des fonds qui étaient devant lui s'élevait une énorme poussière.

« C'est Steinmetz qui cherche à nous couper de Metz », dit-il.

Puis, se retournant vers le capitaine Le Mullier,

il l'envoie prier le général Vergé de réunir quelques bataillons et de les ramener sur la ligne des batteries toujours en action. Demeuré seul avec le commandant de Crény, il revient du côté de Rezonville et croisant le capitaine Chanoine, aide de camp et gendre de Frossard, il l'appelle et lui donne la même mission qu'au capitaine Le Mullier. Derrière Rezonville, il retrouve le lieutenant de Goulaine, de son escadron d'escorte du 2ᵉ chasseurs qui, avec plusieurs chasseurs, « sortait de la mêlée de tout à l'heure comme d'un rêve ». Il remercie alors le commandant de Crény et s'adressant à M. de Goulaine :

« Courez à cette infanterie lui dire de charger à la baïonnette. »

Le lieutenant de Goulaine ayant fait la commission revient au galop et est accueilli par ces mots prononcés d'un ton dur et impérieux :

« Vous n'avez donc pas porté mes ordres.... » Et partant à son tour, le maréchal passe devant le front de la troupe qui le reconnaît.

Aussitôt la charge retentit, et l'on va de l'avant. S'adressant encore à M. de Goulaine, le maréchal le charge d'aller dire au général de Forton de se déployer derrière les batteries du 6ᵉ corps et de se tenir prêt à charger les cavaliers ennemis qui apparaîtraient de son côté.

De nouveau, le général en chef de l'armée française était seul avec son porte-fanion et quatre ou cinq cavaliers. Suivi d'eux, il traverse la route, et remontant au nord, il longe le 6ᵉ corps sans s'arrêter pour se diriger sur Villiers-au-Bois où il rencontre le général Sanglé-Ferrière à la tête de sa brigade — division Aymard — ; lui montrant un espace vide de monde entre les bois Pierrot et le Prince, il lui ordonne de s'y porter. Le général Sanglé-Ferrière conduit le bataillon qu'il a sous la main et envoie chercher les autres. Mais le maréchal Bazaine, qui a continué à galoper, a atteint ces bataillons et leur a donné l'ordre d'aller dans une direction diamétralement opposée à celle qu'il a indiquée tout à l'heure à leur général et il les conduit lui-même du côté de Saint-Marcel. En route, il rencontre le 3ᵉ bataillon du 4ᵉ de ligne et dit à son commandant de déployer deux de ses compagnies pour attaquer le bois de Tronville ; puis, prenant avec lui quelques hommes de la brigade Sanglé-Ferrière, qu'il conduit toujours, il place des « petits postes » ; c'est lorsqu'il se livre à cette occupation, que le commandant Sers, aide de camp du général Soleille, à la recherche du maréchal Le Bœuf, le croise. L'appelant, il l'invite à le suivre, et laissant les fantassins qu'il dirigeait, il prend le galop, échange quelques mots avec le commandant Sers qui lui annonce la présence de la presque totalité du 3ᵉ corps.

Toujours galopant, le général en chef de l'armée française continue à donner des ordres aux unités qu'il rencontre, puis à les contremander la minute d'après : il trouve enfin le maréchal Le Bœuf, lui dit qu'il y a intérêt à attaquer Vionville, puis il repart sans rien ajouter de plus et retourne à Rezonville où il est enfin retrouvé par ses aides de camp et officiers d'ordonnance qui le cherchaient, tous fort inquiets, depuis plus d'une heure, et commençant à le croire tué ou prisonnier.

*
* *

A examiner les faits : la charge du 3e lanciers et des cuirassiers de la Garde avait été inutile et mal préparée ; les cavaliers avaient été abîmés avant d'avoir atteint leur objectif, et les quelques chevaux arrivés sur les lignes d'infanterie, mal dressés au feu, avaient été effrayés et avaient refusé d'aller dessus.

Celle des Allemands avait réussi. Elle avait dissipé l'état-major français, l'avait séparé de son chef, si bien que, pendant plus d'une heure, l'armée française se trouva sans être commandée. Les hussards de Brunswick et de Westphalie n'avaient pas payé trop cher un pareil résultat.

II

LE SOUS-LIEUTENANT AU 5ᵉ LANCIERS
ROBERT DE ROUGÉ

A la bataille de Rezonville, le mardi 16 Août 1870.

L'historien Germain Bapst, dans le tome V de son ouvrage *Le Maréchal Canrobert — Souvenirs d'un siècle*, et aussi dans le 1ᵉʳ article du supplément du *Figaro*, du samedi 17 septembre 1910, décrit les épisodes de la sanglante bataille de Rezonville.

A un certain moment de la journée, après les héroïques charges du 5ᵉ Lanciers et des Cuirassiers de la Garde, la confusion fut telle entre les belligérants, que le Maréchal Bazaine et ses officiers d'État-Major furent enveloppés par l'ennemi.

Allemands et Français, hussards, chasseurs, officiers d'État-Major, tous étaient mêlés, échauffés, se tirant des coups de pistolet à bout portant, ou se donnant des coups de sabre, lorsque deux escadrons du 5ᵉ Lanciers, qui revenaient par la grand'-route, fondirent tout droit dans la mêlée.

Leurs chevaux, excités par le combat et le bruit, s'emballaient et augmentèrent d'autant le tumulte dans lequel étaient toujours englobés le Maréchal Bazaine et ses officiers.

Dans la fumée et la poussière, au milieu des coups de revolvers qui s'échangeaient en pleine figure, le maréchal Bazaine était demeuré flegmatique et insouciant, sans chercher à échapper au flot des Allemands qui pouvaient le tuer, ne sachant pas qui il était, ou bien le faire prisonnier. A ce moment, le maréchal se trouva heurté par un jeune sous-lieutenant du 5e Lanciers, Robert de Rougé, qui demeura collé botte à botte avec lui.

Le voyant fort ému[1] :

« Allons, jeune homme, » lui dit le maréchal sur le ton d'un père de famille, s'adressant au coin du feu à un fils, « du calme.... voyons, vous n'êtes plus un enfant... ce n'est rien. »

Le sous-lieutenant Robert de Rougé, avec son peloton, dégagea aussitôt Bazaine, alors cerné par les hussards prussiens et l'artillerie qui le criblait.

« Sans nous, écrit Robert de Rougé, dans ses notes, qu'avec sa modestie il ne destinait guère à la publicité, Bazaine était prisonnier, Canrobert nommé général en chef, et les Allemands sans doute vaincus. »

« D'après les lois de conséquence, disait Robert de Rougé en 1914, c'est moi, pourrait-on induire de ce qui précède, qui suis la cause de la guerre d'aujourd'hui. »

---

1. Robert de Rougé nous disait, en effet, qu'assourdi par le sifflement des balles qui tombaient de tous côtés, il portait instinctivement les mains sur ses oreilles.

III

Robert (Charles-Eugène) DE ROUGÉ appartenait à la branche des comtes de Rougé et du Plessis-Bellière.

Sa nature droite et fine, sa rare intelligence lui firent comprendre, tout jeune, l'inutilité et le danger d'une vie inoccupée. Aussi se décida-t-il à embrasser la carrière militaire. Il entra donc à Saint-Cyr et en sortit en 1868 dans la promotion « du Sultan », comme sous-lieutenant au 3ᵉ Lanciers, alors en garnison à Saint-Mihiel et ensuite à Lunéville. Le 3ᵉ Lanciers fit partie du corps Failly pendant la guerre. Abandonné du général de Failly, le 3ᵉ Lanciers se tira d'affaire tout seul et se réfugia à Metz. Là il fut sous les ordres du général Lapasset. La brigade Lapasset prit part à beaucoup de combats.

Le général Lapasset a donné de nombreux témoignages d'estime et de préférence à Robert de Rougé et a fait sur lui de grands éloges : « C'est un charmant jeune homme, plein de cœur, de bons sentiments, disait-il dans une lettre datée de Dusseldorf, le 4 décembre 1870, et — chose rare à notre époque — ayant des principes. Aussi je m'étais attaché à lui et je regrette qu'il n'ait pas demandé la même résidence que moi[1]. »

Le 15 août 1871, le 5e Lanciers devint le 15e Dragons. Robert de Rougé était alors en garnison à Béziers. Promu lieutenant le 15 mars 1873, il donna sa démission, le 2 juillet de la même année, et le 24 janvier 1881 il donna sa démission de capitaine au 4e Chasseurs de l'armée territoriale.

Il se consacra dès lors entièrement aux arts et devint un peintre de portraits remarquable.

D'un esprit délicat et charmant, il joignait aux dons de la nature la pratique des plus hautes vertus. Sa mort prématurée, le 9 juillet 1916, laissa de douloureux regrets à tous ceux qui l'ont connu, et fut pour les siens un malheur irréparable.

---

1. C'est à Altona, près de Hambourg, que Robert de Rougé avait demandé à être envoyé en captivité.

IV

Lettre de la Comtesse Henri de Courcy, fille du général de Goyon, veuve du général Henri de Courcy.

Germain Bapst avait publié comme premier article. dans le supplément du *Figaro* du 17 septembre 1910, les détails de la bataille de Rezonville le mardi 16 août 1870, où il est question de Robert de Rougé, sous-lieutenant au 3ᵉ lanciers, qui y dégagea Bazaine avec son peloton.

La Comtesse de Courcy répond le 20 septembre 1910 à mes demandes du 17 septembre 1910 sur Bazaine.

Korn-er-Houet
Colpo (Morbihan).

20 septembre 1910.

Ma chère Thérèse,

J'ai reçu votre lettre tout à l'heure et vous réponds tout de suite : J'ai beaucoup connu le Maréchal Bazaine au Mexique où il m'a même donné l'hospitalité en l'absence de M. de Courcy. J'y étais arrivée en mai 1864, peu avant l'empereur et l'impératrice; le Maréchal, alors général, venait de perdre sa première femme, dont je ne sais pas le nom ; sa mère tenait en Afrique une maison mal famée. Le Général l'a vue, elle était alors toute petite et il l'a fait mettre dans un couvent. Il aimait beaucoup les enfants et avait été frappé du triste avenir qui lui était réservé.

Quelques années après, quand elle fut devenue une femme, il voulut la reprendre ; mais la Supérieure du couvent ne voulut pas la rendre sans savoir ce qu'il voulait en faire et à quel titre elle serait chez lui. Il se décida alors à l'épouser et l'emmena avec lui dans ses garnisons. Quand il partit pour le Mexique, il dut la laisser en France, où elle mourut en ce même printemps de 1864. Les journaux publièrent alors des articles contre sa mémoire disant qu'elle s'était empoisonnée. On réussit à cacher ces choses à son mari, qui, au milieu des soucis de son commandement, l'oublia bientôt !

Au printemps de 1865, il épousa une jeune fille de 18 ans d'une bonne famille espagnole, absolument sans fortune, vivant seule avec sa mère à Mexico et dont il s'était épris à un bal costumé qu'il avait lui-même donné. Ce mariage était à peu près aussi fou que le premier, mais sa femme que j'ai vue dans le temps de la guerre se conduisit bien ; après le 4 septembre et la reddition de Metz, on jugea plus prudent de la faire partir et on voulait lui donner un passeport sous un nom emprunté ; mais elle refusa en disant qu'ayant épousé le Maréchal dans le temps de sa grandeur, elle ne renierait pas son nom dans le malheur ; il fallut céder et je ne sais plus où elle se retira. Après la paix et pendant le procès de son mari elle était à Versailles et contribua à son évasion ; puis elle vécut avec lui en Espagne où ils tombèrent dans une profonde misère, un peu soulagée par d'anciens officiers du Mexique. Je crois que la Maréchale Bazaine s'appelait de la Peña, mais je n'en suis pas sûre et je tâcherai de le savoir. Ce qui peut expliquer dans une certaine mesure les torts du Maréchal, c'est qu'il s'est trouvé dans sa jeunesse à une bien mauvaise école. Il était fils naturel, mais reconnu, d'une paysanne et d'un général Bazaine qui avait été honorablement connu sous le Ier Empire et qui avait plusieurs enfants d'un premier mariage régulier. Ce tard-venu avait été fort mal reçu par ses frères et sœurs, devenus dans ses temps brillants ses plats valets.

Voilà, ma chère Thérèse, tout ce que je sais de ces temps lointains. Quand je serai à Paris, je pourrai vous en dire un peu plus, de vive voix, car j'ai toujours assez de peine à écrire.

Je ne crois pas qu'à Metz le maréchal Bazaine ait trahi au propre sens du mot, mais sa conduite a été indigne d'un Maréchal de France et même d'un soldat, et au Mexique il a par ses mensonges et ses réticences causé la mort de l'empereur Maximilien.

Mille choses affectueuses,

GOYON COURCY.

La Comtesse Henri de Courcy, très instruite, habitait l'été la Fortelle en Seine-et-Marne chez ses beaux-parents ; nous étions voisins de campagne.

V

Extraits de *L'Agonie de l'empire du Mexique*, article de
Louis Sonolet paru dans la *Revue de Paris* (n" du 1" et
du 15 août 1927) publiant des lettres inédites du général
Castelnau, adressées à Napoléon en 1866, de Mexico où
l'empereur l'avait envoyé pour surveiller Bazaine.

Bazaine avait épousé, en secondes noces, à
Mexico, une toute jeune femme, Pepita (Josepha)
de la Peña, un an après avoir perdu sa première
femme.

Page 864. — Pour fournir quelque aliment à ses
espérances démesurées, Bazaine recourt de plus
en plus à son arsenal de fourberies et de mensonges.

Page 897. — Comment, après avoir reçu du
général Castelnau les lettres qu'on vient de lire,
Napoléon III put-il confirmer le choix de Bazaine
pour le commandement de l'armée de Lorraine, et
comment le 15 août 1870, à Gravelotte, en arriva-
t-il à dire à celui qui, à son entière connaissance, a
trahi et perdu Maximilien : « Je vous confie la
dernière armée de la France? » Sans doute, le
maître en félonie de Mexico jouissait d'une grande

réputation militaire, parfaitement imméritée d'ail-
leurs, car il n'a jamais été qu'un manœuvrier igno-
rant et inhabile. Jule Favre l'appelait « notre
glorieux Bazaine ». Mais cela suffisait-il à l'empereur pour accorder une confiance illimitée à un
homme qu'il aurait dû savoir, par les informations
du général Castelnau, sans honneur, sans morale
et sans esprit d'obéissance et de discipline ? Était-
il possible qu'il ne redoutât pas le sort de l'infor-
tuné empereur Maximilien du Mexique ? Hélas, il
devait, lui aussi, expier chèrement son aveugle-
ment, et ce fut la France qui en paya les frais.

Louis Sònolet [1].

1. Le 15 février 1928, on annonça la mort de M. Louis Sonolet,
âgé de cinquante-trois ans, grand mutilé de guerre, chevalier de
la Légion d'Honneur.

VI

Note du marquis de Couronnel marié à Mlle de Béthune
en 1867, engagé volontaire pendant la guerre de 1870.

Camp de Givry, 28 novembre 1870

« Il paraît que l'armée du Prince Frédéric-
« Charles, naguère devant Metz, s'avance contre
« nous. Sans cette malheureuse capitulation de
« *Bazaine*, nous serions sans doute à Paris. »

(Le marquis André de Couronnel était né à Paris le
27 octobre 1836, fils du marquis de Couronnel et de Mar-
guerite-Pauline-Emmanuelle de Montmorency-Laval).

IMP. LAHURE.

Robert de Rougé,

sous-lieutenant au 5e lanciers.

ROBERT DE ROUGÉ,
lieutenant au 15e dragons (ex-5e lanciers).

Robert de Rougé,
capitaine au 4ᵉ chasseurs, armée territoriale.

La comtesse Henri de Courcy.